TS LIVRES DE M. LE CURE,
Bibliothèque du Presbytère, de la Famille et des Écoles.

VIES

DE

L'ABBÉ DE L'ÉPÉE,

DE

L'ABBÉ SICARD ET D'HAÜY,

PAR M. ÉGRON.

PAUL MELLIER, ÉDITEUR,
PLACE SAINT-ANDRÉ-DES-ARTS, 11.

ntimes broché ; 35 centimes cartonné. 72

LES
PETITS LIVRES DE M. LE CURÉ,

BIBLIOTHÈQUE

du Presbytère, de la Famille et des Écoles.

VIES

DE

L'ABBÉ DE L'ÉPÉE,

DE L'ABBÉ SICARD ET DE HAUY,

PAR

A. ÉGRON.

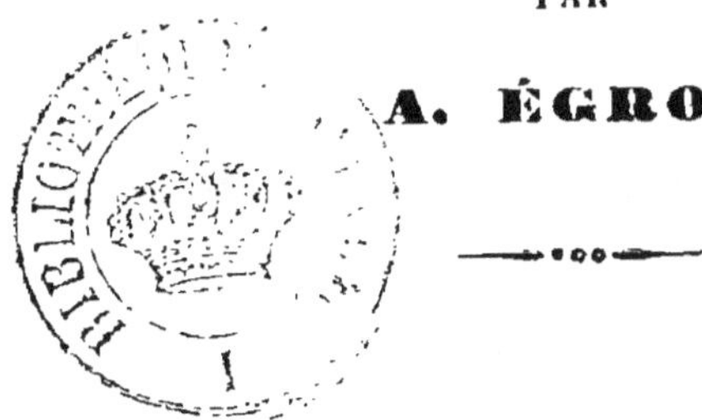

PARIS,

PAUL MELLIER, LIBRAIRE-ÉDITEUR,

PLACE SAINT-ANDRÉ-DES-ARTS, 11.

Approbation de Mgr l'Archevêque de Paris.

DENIS-AUGUSTE AFFRE, par la miséricorde divine et la grâce du Saint-Siége Apostolique, Archevêque de Paris.

MM. Plon et Paul Mellier, éditeurs, ayant soumis à notre approbation les ouvrages ci-dessous indiqués, faisant partie d'une collection ayant pour titre : LES PETITS LIVRES DE M. LE CURÉ, BIBLIOTHÈQUE DU PRESBYTÈRE, DE LA FAMILLE ET DES ÉCOLES, savoir : *Vies de l'abbé de l'Épée, de l'abbé Sicard et de Haüy*, 1 vol.; *les Petits Enfants célèbres*, 1 vol.; *le Jeune Artiste*, 1 vol.; *Prudence*, 1 vol.; *Blanche et Martha*, 1 vol.; *la Madone*, 1 vol.; *la Petite Vivandière*, 1 vol.

Nous les avons fait examiner, et, sur le rapport favorable qui nous en a été fait, nous avons cru pouvoir les recommander comme offrant aux personnes auxquelles ils sont destinés une lecture intéressante et sans danger.

Donné à Paris, sous le seing de notre Vicaire-Général, le sceau de nos armes et le contre-seing de notre Secrétaire, le dix-huit septembre mil huit cent quarante-cinq.

F. DUPANLOUP, *Vicaire-Général.*

Par Mandement de Monseigneur
l'Archevêque de Paris :

P. CRUICE, *Secrétaire de la Commission.*

IMPRIMÉ PAR PLON FRÈRES, A PARIS.

L'ABBÉ DE L'ÉPÉE.

Ce nom rappelle un de ces bienfaiteurs de l'humanité dont la mémoire durera aussi long-temps qu'il y aura des êtres disgraciés de la nature et privés des organes les plus nécessaires aux besoins de la vie. Si l'abbé de l'Epée ne fut pas l'inventeur de cet art ingénieux, qui, substituant les signes et les gestes aux articulations de la voix, peut leur donner un langage en développant leur intelligence ; si même il n'a pas porté cet art au degré de perfection dont il était susceptible, ses travaux multipliés et constants, le zèle qui les lui fit entreprendre, l'ardente charité qui les anima, les succès qui les couronnèrent, et plus encore l'établissement philanthropique et religieux que, seul, sans appui, sans secours, il forma, soutint et augmenta de ses propres deniers, se contentant pour lui-même du plus strict nécessaire, tous ces titres assurent à l'abbé de l'Epée la reconnaissance éternelle des amis de l'humanité.

« L'instruction des sourds-muets, nous dit-il
» avec une admirable simplicité, n'est pas une
» affaire si difficile qu'on le suppose ordinaire-
» ment ; il ne s'agit que de faire entrer, par

» les yeux, dans leur esprit ce qui est entré
» dans le nôtre par les oreilles. Ces deux portes,
» ouvertes en tout temps, présentent l'une et
» l'autre un chemin qui conduit au même terme,
» lorsqu'on ne s'égare ni à droite ni à gauche
» de celui dans lequel on veut s'engager. » De
ces mots on peut conclure que l'abbé de

l'Epée n'aurait jamais entrepris cette instruction s'il n'eût eu en lui-même la conscience du
succès, s'il n'eût pensé depuis long-temps aux
moyens de l'obtenir, et si la persévérance, ai-
dée de son zèle et d'une volonté ferme, n'eût
contribué à lui faire vaincre les obstacles capables de rebuter tout autre. Il est vrai que,
long-temps avant lui, des hommes au cœur
charitable et généreux avaient essayé d'instruire

les sourds-muets de naissance. Au seizième siècle, un Espagnol, nommé Pierre Ponce, religieux bénédictin du monastère d'Ona, enseigna à deux frères et à une sœur du connétable de Castille, sourds-muets, à lire, écrire, calculer, les principes de la religion, les langues anciennes et étrangères, la peinture, la physique, l'astronomie, la tactique, la politique. François Vallès, un des amis de Ponce et auteur d'une *Philosophie sacrée* imprimée à Salamanque en 1583, et l'historien Moralès, contemporain du même Ponce, dans ses *Antiquités d'Espagne*, ont fait connaître le mérite et le talent de leur compatriote, mort en 1584. L'Espagne était alors puissante par ses armes et par sa vaste domination ; elle était aussi florissante par ses arts et sa littérature, et il est à regretter qu'au milieu de tant de monuments qui déposent de son ancienne gloire, il ne nous reste rien d'écrit sur les procédés de Ponce pour instruire les sourds-muets. Nous ne savons ses succès que par Vallès et Moralès ; mais ces succès annoncent un art porté par son auteur à une haute perfection. Les deux premiers ouvrages que nous ayons sur cet art sont encore dus à deux Espagnols, Jean-Paul Bonet et Ramirez de Carion. Après eux vinrent les Anglais

Wallis , Holden et Sibscota ; le Hollandais Van Helmont fils ; le P. Lana , Conrad Amman, suisse, chacun d'eux croyant ou feignant de croire avoir écrit le premier sur cet art. Enfin, en 1748, on voit à Paris le Portugais Perreira présenter plusieurs de ses élèves à l'Académie des sciences et obtenir de cette compagnie l'approbation la plus flatteuse ; un de ses disciples, M. Saboureux de Fontenai, devint auteur et enseigna lui-même des sourds-muets. M. Ernaud, madame Sainte-Rose, religieuse de la Croix, du faubourg Saint-Antoine, et le père Vavin, prêtre de la doctrine chrétienne, se livraient aussi à quelques essais quand l'abbé de l'Épée parut.

Charles-Michel de l'Épée était né, le 24 novembre 1712, à Versailles. Il était fils d'un architecte. Il embrassa de bonne heure l'état ecclésiastique. Formé à l'école des jansénistes, il en adopta les opinions, et refusa de signer le Formulaire qui les condamnait. Il quitta donc pour un temps l'état ecclésiastique, suivit le barreau, et fut même reçu avocat à Paris ; mais ayant été appelé par l'évêque de Troyes , il fut fait prêtre et fut nommé chanoine de cette ville. Revenu à Paris, il est probable qu'il entendit parler des succès de Perreira et qu'il

s'occupa de l'art d'instruire les sourds-muets ,
art que pratiquait aussi le père Vavin. Voici
comme il raconte lui-même de quelle manière
il devint instituteur :

« **Le P. Vavin** , très-respectable prêtre de la
» Doctrine chrétienne, avait commencé par le
» moyen des estampes (ressource en elle-même
» très-faible et très-incertaine) l'instruction de
» deux sœurs jumelles , sourdes et muettes de
» naissance. Ce charitable ministre étant mort,
» ces deux pauvres filles se trouvèrent sans au-
» cun secours , personne n'ayant voulu , pen-
» dant un temps assez long, entreprendre de
» continuer ou de recommencer cet ouvrage.
» Croyant donc que ces deux enfants vivraient
» et mourraient dans l'ignorance de leur reli-
» gion si je n'essayais pas quelque moyen de la
» leur apprendre , je fus touché de compassion
» pour elles et je dis qu'on pouvait me les ame-
» ner, que j'y ferais tout mon possible. »

Ainsi ce fut un sentiment religieux qui
porta cet ami de l'humanité à exercer son charitable ministère.

Les succès de l'abbé de l'Epée furent tels ,
qu'ils attirèrent bientôt l'attention publique et
augmentèrent le nombre de ses élèves. Cet
homme généreux n'avait pour soutenir son éta-

blissement que ses propres revenus, qui consistaient en sept mille livres de rente. Il les consacra tout entiers à l'instruction des sourds-muets. Non content de leur donner les soins les plus assidus, il fournissait à leur entretien et à toutes les dépenses ; il se dépouillait pour les couvrir, et traînait des vêtements usés pour qu'ils en eussent de meilleurs. Souvent même dans des besoins pressants, il anticipait sur ses revenus, et c'était le seul sujet de querelle qu'il eût avec son frère. On l'a vu pendant un rude hiver se refuser jusqu'à du feu, quoiqu'il fût déjà dans un âge avancé ; le charitable instituteur était comme un père au milieu de ses enfants. Il trouva pourtant quelques secours dans la libéralité du duc de Penthièvre et dans d'autres personnes charitables, qui voulurent l'aider dans cette bonne œuvre. Il est malheureux qu'il ait terni une vie pleine de dévouement et de travaux utiles par sa désobéissance à l'Eglise. Sa liaison avec le fameux Soanen, évêque de Senez, celui qui, dans l'affaire du jansénisme, se porta le premier pour appelant contre la bulle *Unigenitus*, et la conformité de leurs sentiments, lui attirèrent les censures de l'archevêque de Paris. Il fut interdit.

Cependant son établissement prospérait, le

bruit de ses succès se répandait au loin. Sous lui de nombreux élèves acquirent les connaissances les plus utiles et se communiquèrent leur savoir. On en vit qui possédaient six langues différentes, quelques-uns devenir de profonds mathématiciens, d'autres obtenir des prix académiques. Des personnages importants dans l'État venaient en foule assister à ses exercices et s'assurer de la bonté de sa méthode. L'impératrice Catherine II lui fit offrir des sommes considérables, qu'il rejeta, se bornant à demander qu'elle voulût bien lui envoyer un sourd-muet de son pays à instruire. L'empereur Joseph II, dans un voyage qu'il fit en France en 1781, alla voir l'abbé de l'Epée. Voici dans quels termes l'instituteur des sourds-muets lui-même parle de cette visite :

« Il était réservé au prince le plus auguste
» qui avait daigné être le témoin de ma mé-
» thode, de ne pas souffrir que la France restât
» seule dépositaire d'un secours dont les autres
» nations pourraient retirer de grands avan-
» tages.

» Il résolut d'attirer en dehors le premier et
» de fixer, dans ses états, un enseignement dont
» il apercevait la nécessité, pour un nombre de
» sujets que son amour paternel lui faisait ap-

» peler ses semblables ; et voici quelle en fut
» l'occasion :

» Cet ami souverainement respectable de
» l'humanité , ayant vu par lui-même pendant
» deux heures et demie de quoi les sourds-muets
» pouvaient devenir capables quand on se don-
» nait la peine de les instruire, ne pensa d'abord
» qu'à une jeune personne de la plus haute nais-
» sance, sourde-muette, à Vienne, à laquelle ses
» parents désiraient avec ardeur de procurer
» une éducation chrétienne.

» Il demanda donc comment on pourrait s'y
» prendre pour instruire cette jeune demoiselle.
» Je répondis qu'il y avait deux manières ; que
» la première serait de la faire conduire à Paris,
» où je l'instruirais volontiers (gratuitement,
» bien entendu) ; mais qu'il y en avait une se-
» conde, beaucoup plus simple ; qui serait de
» m'envoyer un sujet intelligent, de trente ans
» ou environ, que je mettrais en état de réussir
» parfaitement dans cette entreprise. »

Ce fut à ce dernier moyen que l'empereur
Joseph s'arrêta. Lorsque ce prince fut de retour
dans ses états, il écrivit à l'abbé de l'Epée la
lettre suivante :

« Monsieur l'abbé, l'établissement que vous
» avez consacré au service public et dont j'ai eu
» occasion d'admirer les étonnants progrès,
» m'engage à vous adresser l'abbé Storck, por-
» teur de cette lettre. Je me flatte qu'il aura les
» qualités requises pour apprendre de vous à
» conduire un pareil établissement à Vienne. Je
» ne le connais pas autrement que par son évêque
» ordinaire, qui me l'a choisi et qui croit pou-
» voir en répondre. Je me flatte donc que vous
» voudrez bien le prendre sous votre direction,
» en lui communiquant la méthode que vous
» avez établie avec tant de succès. Votre amour

» pour le bien de l'humanité, ainsi que la gloire
» de rendre à la société de nouveaux sujets, me
» font espérer que vous contribuerez de bon
» cœur à étendre aussi votre charité sur une
» partie des sourds-muets allemands, en leur
» formant un maître qui, par les yeux, leur
» fournira des connaissances suffisantes pour
» les faire penser et combiner leurs idées.
» Adieu.   JOSEPH. »

L'abbé Storck resta trois mois à Paris, sous la direction de l'abbé de l'Epée. Il s'instruisit à fond de sa méthode, et, de retour à Vienne, l'empereur lui assigna un établissement dans lequel les sourds-muets furent instruits comme ils l'étaient à Paris. Les succès qu'obtint l'abbé Storck éveillèrent la jalousie d'un professeur de Leipsick, nommé Heinrich, qui instruisait aussi des sourds-muets.

Informé que la méthode suivie par le professeur de Vienne était celle de l'abbé de l'Epée, il lui écrivit pour l'engager à l'abandonner, en l'assurant que non-seulement elle était inutile, mais qu'elle était même nuisible à l'avancement des sourds-muets. Le professeur Heinrich avait précédemment publié un écrit dans lequel il se glorifiait d'être le premier et le seul qui eût inventé et mis en pratique la véritable manière d'instruire les sourds-muets. Il allait même jusqu'à taxer d'ignorance et de fourberie tous ceux qui avaient écrit sur cette matière avant lui. Ces écrits et la lettre du professeur de Leipsick donnèrent lieu à une dispute littéraire dans laquelle l'abbé de l'Epée devait nécessairement s'engager. Il répondit par des raisonnements et surtout par des faits victorieux. Outre les succès de l'abbé Storck à Vienne, il opposa ceux de l'abbé Sylvestre, à Rome, formé aussi à son école ; ceux de M. Ulrich, à Zurich, ceux de M. Auguste en Espagne, et ceux de M. Delo en Hollande. Tous ces instituteurs procédant d'après sa méthode et obtenant tous des succès, cette méthode n'était donc ni nuisible ni inutile. Aussi l'a-t-elle emporté sur celle du professeur Heinrich dont il ne nous est rien resté.

Mais citons ici un autre témoignage de l'excellence de la méthode de l'abbé de l'Epée. Il nous est donné par un métaphysicien célèbre qui visita aussi l'institution naissante des sourds-muets et dont l'autorité ne peut être récusée.

« L'instituteur des sourds-muets de Paris a
» fait, dit l'abbé de Condillac, du langage de
» l'action un art méthodique aussi simple que fa-
» cile, avec lequel il donne à ses élèves des idées
» de toute espèce, et j'ose dire des idées plus

» exactes et plus précises que celles qu'on ac-
» quiert communément avec le secours de
« l'ouïe. Comme dans notre enfance nous som-
» mes réduits à juger de la signification des
» mots par les circonstances où nous les enten-
» dons prononcer, il nous arrive souvent de ne
» les saisir qu'à peu près, et nous nous conten-
» tons de ces à peu près toute notre vie. Il n'en
» est pas de même des sourds-muets qu'instruit
» M. l'abbé de l'Epée. Il n'a qu'un moyen pour
» leur donner les idées qui ne tombent pas
» sous les sens, c'est de les analyser et de les
» faire analyser avec lui. Il les conduit donc des
» idées sensibles aux idées abstraites par des
» analyses simples et méthodiques ; et on peut
» juger combien son langage d'action a d'avan-
» tages sur les sons articulés de nos gouver-
» nantes et de nos précepteurs.

» J'ai cru devoir saisir cette occasion de ren-
» dre justice aux talents de ce citoyen ver-
» tueux, dont je ne crois pas être connu, quoique
» j'aie été chez lui, que j'aie vu ses élèves et
» qu'il m'ait mis au fait de sa méthode. »
(*Cours d'études pour l'instruction*, t. I,
1re part., chap. I, p. 11).

En 1779, M. l'abbé Deschamps, chapelain
de l'église d'Orléans, publia un *Cours élémen-*

taire d'éducation des sourds-muets. L'auteur, animé des mêmes sentiments de charité
que l'abbé de l'Epée, marchait sur ses traces ;
sa méthode se rapprochait de la sienne, mais
elle n'était pas aussi parfaite. L'abbé Deschamps
obtenait cependant quelques succès, et loin
d'imiter le professeur de Leipsick, il louait les
heureux efforts de Perreira et de l'abbé de
l'Epée ; il faisait plus, il adoptait une partie de
la méthode de ce dernier. Il employait l'alpha-
bet manuel ; il n'avait plus que quelques pas à
faire pour être initié dans la théorie des signes.
L'abbé de l'Epée s'occupa longtemps de cette
théorie ; il désirait l'établir en travaillant à un
dictionnaire général des signes employés dans
la langue des sourds-muets. Il acheva ce dictionnaire qui n'était cependant encore qu'une
ébauche, et l'envoya à l'abbé Sicard, qui s'oc-
cupait aussi alors, à Bordeaux, de l'éducation
des sourds-muets, et qui devait plus tard,
après avoir perfectionné sa méthode, perfectionner de même la théorie de son maître.

Nous avons vu l'abbé de l'Epée engagé dans
une lutte littéraire pour soutenir sa méthode ;
nous le voyons ensuite entraîné dans une pro-
cédure judiciaire qui ne finit que longtemps
après sa mort. Ce fut sans doute un excès de

zèle qui le fit entrer comme malgré lui dans cette nouvelle guerre ; en voici le sujet : Un jeune muet, couvert de haillons, trouvé sur la route de Péronne en 1773 , lui fut présenté.

L'abbé de l'Epée se figura probablement sur de plausibles apparences, qu'il était l'héritier d'une famille opulente et distinguée, le comte de Solar ; non content de lui donner l'instruction qu'il prodiguait à ses autres élèves, il voulut lui faire rendre le nom et l'état de ceux qu'il croyait ses parents. Un procès long et dispendieux s'entame. L'abbé de l'Epée obtint en 1781 une sentence du Châtelet, qui admettait les prétentions de Joseph : c'est ainsi que se nommait le jeune muet. Les parties adverses en appelèrent au parlement ; le procès fut suspendu. Après la destruction des parlements, on reprit la cause devant le nouveau tribunal de Paris. Le 24 juillet 1792, un jugement définitif infirma celui du Châtelet et défendit à Joseph de porter à l'avenir le nom de Solar, comme n'étant nullement issu de celui qu'on avait imaginé de lui donner pour père ; mais l'abbé de l'Epée était mort le 24 décembre 1789.

Ce procès fameux fournit à M. Bouilly le sujet d'une pièce qu'il donna au théâtre, en l'an VIII, sous le titre de *l'Abbé de l'Epée*, comédie historique, en cinq actes et en prose. Cette pièce eut longtemps un grand succès, malgré les réclamations de plusieurs journalistes, qui n'approuvaient pas que l'auteur eût, contre la vérité de l'histoire, donné gain de cause au jeune sourd-muet, qu'il appelait Jules d'Harancourt, et qu'il eût placé le lieu de la scène à Toulouse. On fit même représenter sur un petit théâtre une contre-partie de la pièce de M. Bouilly.

L'établissement des sourds-muets ne fut pas abandonné à la mort de son fondateur ;

Louis XVI, avant la révolution, avait accordé 3,100 livres et un local pour le continuer.

Depuis 1789 jusqu'à nos jours, aucun monument public ne rappelait le souvenir de cet illustre bienfaiteur de l'humanité. Son nom ne retentissait que dans les institutions nées de la sienne; il semblait que sa gloire fût aussi modeste qu'il l'avait été lui-même. Mais enfin à une époque où les villes s'empressent d'élever des monuments aux hommes célèbres nés dans leur sein, celle de Versailles s'honorant d'avoir donné le jour à l'abbé de l'Epée, vient de consacrer sa mémoire vénérable par l'érection d'une statue, comme elle l'avait déjà fait pour consacrer la mémoire du général Hoche, aussi né dans ses murs. Une souscription a été ouverte, et parmi les nombreux souscripteurs qui l'ont remplie, nous devons nommer le roi des Français, Louis-Philippe, le ministre de l'intérieur, plusieurs évêques, le chapitre métropolitain de Bourges, le conseil de préfecture de Seine-et-Oise, la garde nationale de Versailles, les bureaux de l'Hôtel-de-Ville et de l'octroi, l'Institut royal des sourds-muets de Paris et son conseil d'administration, les institutions de Besançon, de Bordeaux, de Lyon, de Nancy, de Marseille, de Strasbourg et de Zurich; la société royale d'agriculture de Seine-et-Oise, celle des sciences naturelles, la Société archéologique de Rambouillet, l'Ecole normale primaire de Versailles, la Chambre de commerce de Marseille, la direction des contributions directes de Seine-et-Oise, enfin le conseil municipal de Versailles.

La statue de l'abbé de l'Epée, exécutée par M. Michaud, ancien graveur des monnaies, le représente debout au moment où il vient de découvrir le langage des gestes intelligents, auquel on a donné le nom de *mimique*. Ses yeux, élevés vers le ciel, expriment sa reconnaissance pour l'heureuse invention que Dieu lui a inspirée. Sur la face principale du monument on lit l'inscription suivante :

L'ABBÉ DE L'ÉPÉE,

PREMIER INSTITUTEUR DES SOURDS-MUETS,

NÉ A VERSAILLES,

LE XXIV NOV. MDCCXII.

Le 3 septembre 1843, à une heure après midi, en présence des autorités, des souscripteurs et d'une immense affluence, la commission de souscription et le corps municipal se sont transportés dans l'enceinte réservée autour du monument ; et là, M. Aubernon, pair de

France, préfet du département et président d'honneur de la commission de souscription, a fait l'offre de la statue à la ville de Versailles, en ces termes :

« Monsieur le maire,

« La statue de l'abbé de l'Epée s'offre aux regards de la foule qui nous environne, et je suis chargé par la commission de souscription d'en faire hommage à la ville de Versailles, représentée par son corps municipal.

» Le zèle des souscripteurs dans cette œuvre de reconnaissance a été soutenu par l'appui du roi, par le concours du corps municipal lui-même, par l'honorable désintéressement de l'artiste, par l'assentiment de la ville entière, où l'abbé de l'Epée reçut le jour.

» Versailles doit en effet ressentir un juste orgueil d'avoir vu naître le premier instituteur des sourds-muets, le prêtre vénérable qui, animé par la piété et la charité, a su trouver dans les inspirations de son génie bienfaisant, le secret de leur rendre la parole et l'ouïe, de les initier aux vérités de la religion et de toutes les connaissances humaines, et de leur donner, pour ainsi dire, une seconde vie, la vie véritable, celle de la foi, de la morale, de l'intelligence et de la raison.

» Cette belle cité, si remplie de mémorables monuments et de grands souvenirs, sera satisfaite de voir élever la statue de l'abbé de l'Epée non loin de celle qu'elle a dédiée au général Hoche; elle s'associera aux sentiments qui nous animent, et elle pensera, comme nous, que la gloire et la reconnaissance qui perpétuent le souvenir du guerrier défenseur de la patrie, doivent être aussi le partage du bienfaiteur du pauvre et de l'humanité. »

M. Rémilly, maire de Versailles, membre de la Chambre des Députés, a répondu ainsi :

« Oui, monsieur le préfet, Versailles doit ressentir un juste orgueil.

» Un homme d'un sublime et cependant modeste génie, un homme dans l'âme duquel Dieu plaça ce foyer d'ardente charité dont il anime ceux destinés par lui à soulager l'humanité souffrante, naquit dans cette ville. La sollicitude divine qui, à côté des plus grands maux, place toujours quelqu'heureux allégement, confia une auguste mission à notre concitoyen : il devait créer la vie intellectuelle et morale chez une partie de ses semblables qui en était déshéritée. Ses veilles laborieuses, toute sa vie furent consacrées à cette grande entreprise, et il put enfin suppléer aux organes de ces malheureux, privés des moyens de communiquer leurs pensées par des mots, et, par suite , privés en quelque sorte de toutes pensées. Son intelligence supérieure et observatrice, scrutant, approfondissant la pensée, l'intelligence humaine, rendit, sous une autre forme , à des frères infortunés , la faculté qui leur avait été refusée , et, en leur donnant la langue intelligente des signes, l'usage de ce langage expressif et fécond, il fit participer ces pauvres parias de la nature aux bienfaits de l'éducation , les aida à cultiver leur intelligence, éveilla en leurs âmes les idées endormies , étouffées sous une infirmité horrible. Noble tâche, dont le but fut atteint par cet homme à l'âme haute et sainte, à laquelle le bien accompli semblait si naturel qu'il ne croyait pas qu'on dût jamais lui en tenir compte.

» Oui, monsieur le préfet, heureuse et fière de l'avoir vu naître dans son sein , la ville de Versailles, par l'intermédiaire de son corps municipal, accepte la statue de l'un de ses plus illustres enfants, de l'un des plus sublimes bienfaiteurs de l'humanité, de l'abbé de l'Epée.

» Honneur à ceux qui ont voulu cette exaltation publique si justement méritée ! qui ont provoqué avec une louable persévérance la sympathie des nobles cœurs pour un génie ver-

tueux et modeste ! Honneur à l'artiste désin-
téressé (M. Michaud), qui a su le faire revivre
parmi nous, qui a voulu faire descendre dans
son œuvre, dans ce bronze ; la bienfaisante et
grande pensée qui animait ce génie durant sa
vie de vertu et d'abnégation. Je suis heureux,
monsieur le préfet, d'être l'interprète des sentiments de gratitude de la ville envers tous
ceux qui ont voulu exposer à la vénération publique l'image du vertueux abbé de l'Epée. En
rappelant le souvenir de ses utiles travaux, de
son dévouement sans bornes à l'humanité, que
cette image inspire à d'autres, en même temps
que le noble désir de s'élever comme lui, la volonté de faire servir leur génie au bonheur de
leurs semblables, à l'exemple des nobles et saints
travaux qui immortalisent notre grand concitoyen. »

Un sourd-muet est ensuite venu payer un
tribut de reconnaissance à la mémoire de leur
illustre instituteur et a mimé le discours suivant :

« Frères et sœurs,

» Dans une circonstance solennelle qui rappelle tant de souvenirs glorieux, il était naturel
que l'éloge du grand homme que nous célébrons

sortît d'abord de la bouche éloquente d'un de ses concitoyens, d'un habitant respectable de cette ville, qui a droit d'être fière de l'avoir vu naître. A la mimique, maintenant son tour ! Place à cet admirable langage qu'il nous a révélé ! Vous avez charmé les oreilles attentives, permettez que nous fassions entendre aussi des yeux impatients.

» O image si justement vénérée de notre père spirituel, souris à la naïve énergie de nos sentiments exprimés dans une langue qui est notre patrimoine ; à nous que Dieu, à l'heure de la création, dispense également à tous les hommes ; que, le premier, après Dieu, tu soumis au frein de l'intelligence humaine, et qui, plus tard, s'est posée en égale au moins à la parole dans tous les genres, secouant les vieux oripeaux dont l'avait affublée l'ignorance, et reprenant sa robe blanche de néophyte pour saluer ton ombre en ce jour solennel.

» Mais quel spectacle a frappé mes regards étonnés, attendris ! D'où viennent les flots d'admirateurs qui se pressent autour de nous, pauvres enfants que la nature a traités en marâtre ? Pourquoi tous ces rangs divers confondus en un seul et même sentiment sur cette place publique de la cité royale ? Ah ! je le vois, mes frères, mes sœurs en Dieu; vous venez expier ici à la face du Très-Haut de funestes erreurs qui ont trop long-temps voilé la terre; vous venez, vous, les heureux de la création, proclamer dans cette enceinte, trop souvent souillée par la flatterie, que tous les hommes ou frères sont égaux, et que, quelles que soient les épreuves que le ciel leur envoie, ils n'en sont pas moins les fils du même Dieu. Reportons toute la gloire de ces aveux publics à l'objet si cher de nos hommages! Oh! comme nous le contemplons religieusement! Quel langage parle à nos regards ce geste expressif, cette attitude pleine de majesté, ce front large et tout sillonné par l'étude. » Allez, nous dit notre rédempteur, allez, mes disciples bien-aimés, par toute la terre, instruire vos frères et vos sœurs d'infortune, les éclairer comme je vous ai éclairés, féconder dans leurs cœurs, dans leurs esprits les heureuses semences que j'ai fait fructifier dans les vôtres. Allez, ne redoutez pas la fatigue et les ronces du chemin, et que Dieu vous conduise! »

» Frères et sœurs! non certainement, vous ne faillirez pas à cette mission sainte. Vous l'avez promis, promettez-le encore devant ce bronze pour nous si palpitant de souvenirs!

» Avec moi remerciez aussi l'artiste si bien inspiré qui a rendu notre messie à notre adoration, qui a buriné la pensée dont il était animé en caractères ineffaçables.

» Grâces aussi, grâces mille fois à la commission si digne de mettre à bonne fin cette œuvre de réparation qu'attendait la mémoire d'un de nos plus grands hommes de notre belle France, si féconde en grands hommes, qu'attendait Versailles, fière dans la postérité la plus reculée de l'avoir vu naître dans ses murs. »

(Extrait du *Journal de Seine-et-Oise*, du mercredi 6 septembre 1843.)

Déjà, en 1840, des citoyens français avaient élevé un monument modeste et religieux, à la mémoire du célèbre abbé de l'Épée, dans l'église de Saint-Roch à Paris, dans la cinquième chapelle à main gauche en entrant par les grandes portes donnant sur la rue Saint-Honoré. On voit le buste de l'abbé de l'Épée au-dessus d'une table de marbre appliquée perpendiculairement contre le mur, sur laquelle on lit l'inscription suivante :

VIRO

ADMODUM MIRABILI

SACERDOTI DE L'ÉPÉE

QUI FECIT

AD EXEMPLUM SALVATORIS

MUTOS LOQUI

HOC

CIVITES GALLIÆ

MONUMENTUM DEDICAVERUNT

ANNO 1840.

Au bas du buste et sur les côtés de la table sont deux sourds-muets en pied, la tête levée vers leur instituteur, dans l'attitude de la reconnaissance. Ce monument est tout exécuté en marbre blanc.

L'ABBÉ SICARD.

En perfectionnant la méthode de l'abbé de l'Epée, cet instituteur des sourds-muets a complété son œuvre de bienfaisance et de charité. Aussi son nom acquit une célébrité plus qu'européenne, et pendant long-temps tous les voyageurs qui venaient à Paris auraient cru n'avoir visité qu'une partie de cette capitale s'ils l'avaient quittée sans avoir été témoins des prodiges qu'il opérait avec ses sourds-muets.

Roch-Ambroise-Cucurron Sicard naquit au Fousseret, près de Toulouse (Haute-Garonne), le 28 septembre 1742. Il fit ses études à Tou-

louse et s'y consacra à l'état ecclésiastique. Il
en exerçait les fonctions quand M. de Cicé, archevêque de Bordeaux, voulant établir une
école de sourds-muets dans cette ville, l'envoya
à Paris pour apprendre la méthode de l'abbé
de l'Épée. Avec la pénétration et la facilité qui
lui étaient naturelles, l'abbé Sicard ne tarda pas
à comprendre et à pratiquer cette méthode. A
son retour à Bordeaux, M. l'archevêque lui
confia la direction de l'établissement qu'il avait
projeté. Vers cette époque, c'était en 1786,
l'abbé Sicard entreprit, pour un jeune sourd-
muet âgé de quatorze ans, le célèbre Massieu,
un cours d'instruction. Les succès de cette éducation lui valurent sa nomination de vicaire-général de Condom et chanoine à Bordeaux. Il devint en même temps membre de l'académie et
du musée de cette ville. A la mort de l'abbé de
l'Épée un concours fut ouvert pour lui donner un
successeur. L'abbé Sicard, qui était alors à Paris, se mit sur les rangs. Il avait pour con-
current M. l'abbé Salvan, homme aussi savant
que modeste, et que l'abbé de l'Épée avait particulièrement aimé. Mais M. l'abbé Salvan céda
à M. l'abbé Sicard tous les titres qu'il pouvait avoir à cette succession, et le protégé de
M. l'archevêque de Bordeaux, qui était alors

ministre de Louis XVI, fut choisi et installé au
mois de juillet 1779. Dès ce moment le soin d'a-
méliorer le sort de ses élèves et de perfectionner leur intelligence occupa tout entier le nouvel
instituteur. L'Assemblée constituante, par son
décret du 4 juillet 1791, adopta comme nationale l'Institution des sourds-muets et pourvut
aux frais de l'établissement. L'abbé Salvan fut
chargé à peu près dans le même temps de l'instruction des sourdes-muettes. Mais bientôt les
orages de la révolution faillirent détruire à jamais les espérances que les amis de l'humanité
avaient conçues du talent et du zèle infatigable
de l'abbé Sicard. Le 26 août 1792, temps de
déplorable mémoire, cet instituteur fut arrêté
au milieu de ses élèves et conduit à la mairie.
Le vendredi 31 du même mois, une députation
des sourds-muets, introduite à l'Assemblée législative, dans sa séance du matin, présenta la
lettre suivante :

« Les sourds-muets, élèves de M. l'abbé
» Sicard, viennent ici pour vous prier de leur
» rendre leur père, leur ami, leur instituteur,
» M. l'abbé Sicard, qui est en prison, qui n'a
» jamais fait de mal à personne, qui fait tou-
» jours du bien à tout le monde, qui nous a
» appris à aimer la révolution et les principes

» sacrés de la liberté et de l'égalité , qui aime
» bien tous les hommes, les uns bons et les au-
» tres méchants. »

Un des citoyens de la députation prit alors
la parole et dit :

« Je suis l'ami de M. Sicard ; depuis trois
» jours ce vertueux instituteur est en prison ,
» sans ressources , sans secours, sans être in-
» terrogé, sans connaître son crime. Je demande
» au nom de l'humanité qu'il soit élargi et
» rendu à la famille nombreuse qui réclame
» son père et son bienfaiteur, et qu'on lui per-
» mette d'aller professer son art dans les pays
» étrangers, où il a été instamment appelé. S'il
» faut une caution pour qu'il obtienne sa li-
» berté, je me constitue prisonnier à la place
» de mon vertueux ami. »

Des applaudissements couvrirent ce généreux dévouement. Le député Lequinio se lève
aussitôt et dit :

« Messieurs, la loi ne souffre aucune excep-
» tion , et quelqu'utile qu'ait été M. l'abbé Si-
» card , nous ne pouvons pas la faire plier en
» sa faveur. Mais il n'est aucun de nous, mes-
» sieurs , qui , s'il connaît les talents et le zèle
» que cet homme emploie avec tant de succès
» depuis nombre d'années au soulagement de

» l'humanité souffrante , ne s'intéresse à son
» sort et ne désire connaître les motifs de sa
» détention. L'abbé Sicard donne tous les ans
» à la société quelques centaines d'individus
» que la nature en avait séquestrés par la pri=
» vation de la parole et de l'ouïe. Un citoyen
» aussi utile doit nous intéresser tous. Je de=
» mande que le pouvoir exécutif soit tenu de
» rendre compte dans les vingt-quatre heures
» des motifs qui ont donné lieu à la détention
» de M. l'abbé Sicard. »

Cette proposition est convertie en décret, et
les pétitionnaires obtiennent les honneurs de la
séance. (Extrait du *Moniteur*.)

Malgré ce décret de l'assemblée et les récla=
mations générales, l'abbé Sicard fut transféré,
le 2 septembre, à l'abbaye de Saint-Germain=
des-Prés. C'était au moment des massacres. Sa
translation dans ce lieu funeste était comme
une sentence de mort.

En effet, la plupart des compagnons de l'abbé
Sicard étaient égorgés en y arrivant. Le même
sort l'attendait, lorsqu'il fut reconnu par un horloger nommé Monnot, officier de la garde nationale. Ce fut en cette qualité seule que ce digne
citoyen put suspendre le coup qui allait frap-
per l'abbé Sicard; le même jour 2 septembre

l'abbé Sicard écrivit à l'Assemblée législative qu'il venait d'être sauvé de la fureur du peuple par le dévouement généreux de l'horloger Monnot, qui dit au peuple en ouvrant sa poitrine : « Il faut que vous me perciez le sein pour arriver à celui de l'abbé Sicard. » Sur la

proposition du député Lagrevolle, l'Assemblée nationale décréta que M. Monnot avait bien mérité de la patrie. Toutefois, la mort de l'instituteur des sourds-muets ne semblait que différée, car les égorgeurs ne s'inquiétaient guère de l'Assemblée. La commune de Paris, dite du 10 août, était toute-puissante ; l'abbé

Sicard resta deux jours entiers dans les angoisses d'une mort certaine, ayant sous les yeux les scènes les plus déchirantes. Dans cette affreuse position, il écrivit à M. Lafond-Ladebat, ancien membre de l'Assemblée constituante, un billet pour implorer son crédit auprès de quelques députés.

M. Lafond-Ladebat vole aussitôt chez le député Chabot, ancien religieux de l'ordre de Saint-François, dont le nom est devenu si malheureusement célèbre. Il parle avec toute la chaleur de l'amitié en faveur d'un homme innocent et utile; il parvient à l'intéresser, et l'engage à se rendre immédiatement à l'Abbaye. Chabot cède à la voix éloquente qui l'implore, et se dirige en hâte vers la scène du carnage. Il sauve l'abbé Sicard, qui, dans la matinée du 4 septembre, courut à l'Assemblée nationale pour la remercier de lui avoir conservé des jours si précieux à ses élèves. L'Assemblée lui accorda les honneurs de la séance.

Rendu à son institution sur la demande du même député Chabot, l'abbé Sicard traversa les jours de la terreur sans être remarqué. Mais, lors de l'établissement de l'École Normale, en l'an III de la République, il fit partie des professeurs. Quelques mois après, il fut nommé membre de l'Institut de France. Dans ce temps-là, où, depuis la chute de Robespierre, la liberté d'écrire avait peu à peu repris ses droits, l'abbé Sicard crut pouvoir en profiter pour publier *les Annales religieuses, politiques et littéraires* dont il abandonna bientôt la rédaction principale, mais auxquelles il fournit de temps à autre quelques articles. Cette coopération lui valut, au 18 fructidor an V, l'application du décret de déportation rendu contre quarante-deux journalistes. Il fut obligé de se cacher, puis forcé de fuir. L'Institution des sourds-muets resta veuve pendant deux ans. L'abbé Sicard, proscrit, trouva un asile en Suisse, auprès de la célèbre madame de Staël. Ce ne fut qu'à la révolution du 18 brumaire qu'il recouvra la liberté et fut rendu à ses élèves si long-temps orphelins. Il avait consacré sa retraite forcée à l'amélioration de sa méthode d'enseignement, et il y réussit si bien, qu'il est peut-être impossible d'y ajouter aujourd'hui quelque perfectionnement. M. Paulmier, son élève normal, et depuis son successeur, établit dans son journal trois époques dans l'institution des sourds-muets. La première dura plusieurs siècles. On apprenait, par des procédés plus ou moins ingénieux, à des sourds-muets, à parler sans penser , et jusqu'à l'abbé de l'Épée, leur enseignement fut restreint dans des bornes étroites. Sans vouloir entrer ici dans une controverse métaphysique, nous dirons qu'il nous paraît impossible qu'on ait appris à des sourds-muets à parler, et qu'on leur ait enseigné les vérités de la religion, les préceptes de la morale, les règles de la grammaire, à lire, à écrire, à calculer, sans leur avoir appris à penser. La pensée naît naturellement et nécessairement des idées , et les idées naissent et croissent avec nous. L'instruction les développe, les étend, les agrandit, les multiplie ; mais, à moins d'être né idiot ou brute, tout homme apporte avec lui le germe des idées et par suite le germe de la pensée. Ainsi, l'instruction qu'on a pu donner à des sourds-muets, avant l'abbé de l'Épée, par un moyen quelconque, a dû leur apprendre à penser, sans en faire pour cela des métaphysiciens. Ce grand maître (l'abbé de l'Épée), continue M. Paulmier, après avoir découvert, par la seule force de son génie, ce qui existait long-temps avant lui, sans qu'il le connût, ne crut pas devoir s'arrêter à ces faibles avantages. S'élevant des signes naturels aux signes méthodiques, il s'en servit spécialement pour dévelop-

per les facultés intellectuelles des sourds-
muets et leur apprendre à penser. Néanmoins
il n'atteignit pas tout à fait le but, parce qu'en
général il donna trop d'importance à ces moyens
de communication en les considérant comme
renfermant la méthode, tandis qu'elle ne réside
que dans l'ordre des idées, lequel ne se décou-
vre que par l'analyse.

Il la connut cependant cette analyse, et sut en
faire usage ; mais il ne lui était pas donné de la
conduire à sa perfection ; cette gloire était réservée à son successeur. Il n'en est pas moins
vrai que l'abbé de l'Epée fit faire un pas immense à la méthode, et, sans lui, l'abbé Sicard
n'en eût peut-être jamais obtenu les succès qui
l'ont illustré. Les découvertes de l'abbé de
l'Epée sont la seconde époque de l'institution
des sourds-muets ; la troisième commence à
l'abbé Sicard. Grammairien distingué, métaphysicien profond, l'abbé Sicard sentit peut-être
le premier, que la véritable langue universelle
remontait au langage primitif, que les éléments
en étaient puisés dans la nature, et qu'eux seuls
révèlent la substance des choses, en indiquant
les caractères qui les distinguent, et en recti-
fiant l'étymologie des langues parlées. L'abbé
Sicard s'occupa toujours, comme de la chose la

plus essentielle, à apprendre à penser ou plutôt à raisonner, aux sourds-muets. Pour les y amener, il leur expliquait tout dans des scènes dramatiques dont ils rendaient compte ensuite par écrit, ils apprenaient aussi à traduire leurs pensées en français, et en même temps la grammaire et la langue de leur pays. Ainsi se formait leur jugement ; ainsi ils apprenaient à raisonner, car le jugement n'est que le résultat, l'affirmation des comparaisons et des raisonnements que fait l'esprit avant de prononcer affirmativement ou négativement sur une chose.

Depuis l'époque où l'abbé Sicard fut mis à la tête de l'Institution des sourds-muets, plusieurs institutions semblables ont été établies en France et en pays étranger. Mais c'est principalement dans celle de Paris qu'on a vu, pendant longues années, briller le maître et les élèves sourds-muets, dont plusieurs sont devenus maîtres à leur tour. On se rappelle encore ces exercices publics où se rendaient à l'envi les nationaux et les étrangers, pour admirer l'ingénieuse méthode de l'instituteur et l'intelligence quelquefois prodigieuse des disciples, les questions les plus difficiles résolues avec une juste précision ; les sentiments définis, analysés avec une exactitude rigoureuse ;

les abstractions de la métaphysique, expliquées avec une profondeur de pénétration qui étonnait les assistants. On se rappelle les explications de ce Massieu, dont les gestes, les signes, les mouvements de la physionomie étaient si expressifs, si parlants, et dont la métaphysique était à la fois si profonde et si claire. C'est à lui qu'on doit cette définition devenue si vulgaire, de la *reconnaissance*, qu'il appelait la *mémoire du cœur*. C'est lui qui établit entre Dieu et la nature cette différence si belle et si juste : « Dieu, dit-il, est le premier faiseur, le créateur de toutes choses. Les premiers êtres sont tous sortis de son sein divin. Il dit aux premiers : Vous ferez les seconds. Ses volontés sont des lois, ses lois sont la nature. » Une autre fois, il donne cette autre définition de Dieu : « Dieu est l'auteur nécessaire, le soleil de l'éternité, l'horloger de la nature, le machiniste de l'univers et l'ame du monde. » C'est lui qui fit cette admirable distinction entre une mère et la Providence : « La mère se tient seulement auprès de ses enfants, tandis que la Providence se tient auprès de tous les êtres. » On doit aussi à Massieu, entre autres définitions, les suivantes : « La vertu est l'invisible qui tient les rênes du visible ; l'ouïe est la vue auriculaire ; l'espérance est la fleur du bonheur. »

En 1805, le pape Pie VII visita l'Institution des sourds-muets, et en bénit la chapelle le 23 février. Il y laissa des marques de sa munificence et de sa haute admiration pour le maître et pour ses élèves. Tous les étrangers illustres et les monarques alliés qui vinrent à Paris en 1814 et en 1815 assistèrent aux exercices de l'abbé Sicard et rendirent hommage à son zèle et à ses succès. Enfin la reine de Suède le remercia par une lettre flatteuse de ce qu'il voulait bien aider de ses lumières la nouvelle institution de Stockholm ; ce fut le dernier hommage rendu à son talent et à son amour pour l'humanité. L'abbé Sicard mourut le 10 mai 1822, dans sa quatre-vingtième année. Ses restes furent déposés au cimetière de l'Est, où M. Bigot de Préameneu, au nom de l'Académie française, et M. Lafond-Ladebat, son ami, prononcèrent son éloge. On remarqua dans le discours de M. Bigot de Préameneu le passage suivant : « Notre douleur retentira dans » l'Europe entière. On peut même à peine sup- » poser qu'il existe une contrée dans laquelle » la civilisation ait pénétré, et où le spectacle » des sourds-muets ne rappelle qu'il existait » en France un docte ami de l'humanité qui

» savait redresser les écarts de la nature, et
» dont la longue carrière n'a cessé de briller de
» cette gloire sans égale. »

» L'immortel abbé de l'Epée, dit M. Paul-
» mier dans cette circonstance, a créé la mé-
» thode qui rend les sourds-muets à la religion
» et à la société; l'abbé Sicard l'a perfectionnée,
» en la mettant en action, par mille procédés
» ingénieux et savants qui la placent au rang
» des chefs-d'œuvre dont l'humanité s'honore.
» M. l'abbé Sicard a fait plusieurs ouvrages
» qui sont les guides des instituteurs dans toute
» l'Europe et dans le Nouveau-Monde. Parmi
» ses nombreux élèves sourds-muets, on en
» distingue surtout trois, Massieu, Clerc et
» Berthier, qui par leur talent, leur génie et
» leur esprit prouvent l'excellence de cette mé-
» thode. Les réponses sublimes de Massieu cir-
» culent de bouche en bouche; Clerc, à l'âge de
» vingt-cinq ans, a passé les mers et est allé fon-
» der une institution de sourds-muets, à quinze
» cents lieues, dans l'autre hémisphère : enfin
» Berthier, ayant à peine atteint sa dix-hui-
» tième année, rend déjà de grands services à
» l'Institut royal des sourds-muets de Paris,
» dont il est un des répétiteurs. »

Tous les sourds-muets ne sont pas des Massieu, ou des Clerc, ou des Berthier, sans doute ; mais tous, en sortant de l'Institution sont des êtres utiles, des citoyens religieux ; ils sont ou artisans, ou artistes, ou lettrés ; ils deviennent membres de la grande famille ; ils en contractent les liens, ils en remplissent les devoirs, ils en goûtent les douceurs. Honneur donc, honneur éternel à ces deux amis de l'humanité, dont l'un a fondé et l'autre perfectionné l'art de faire entendre et parler, pour ainsi dire, les sourds-muets !

L'abbé Sicard fut membre de la Légion-d'Honneur depuis 1814, de l'ordre de Sainte-Anne de Russie, de l'ordre de Wasa de Suède, de l'ordre de St-Michel. Il était membre de l'Académie française, président de la Société royale académique des Sciences de Paris, administrateur de l'hospice des Quinze-Vingts et de l'Institut des Aveugles-Travailleurs.

HAUY.

Après avoir présenté à l'admiration et au respect de nos jeunes gens les bienfaiteurs des sourds-muets, nous devons leur parler d'un homme qui n'a pas été moins utile aux malheureux, et qui, comme ces deux instituteurs, a bien mérité de l'humanité; comme eux il a réparé les torts de la nature envers les aveugles de naissance, ces êtres qu'elle avait disgraciés; comme eux, il les a rendus à la vie sociale: on voit déjà que nous voulons faire connaître Valentin Haüy, nom doublement célèbre dans la minéralogie et dans l'institution des aveugles.

Valentin était frère de l'abbé Haüy. Il naquit le 13 novembre 1746 à Saint-Just en Picardie. Dès sa jeunesse il montra de grandes dispositions et beaucoup de goût pour l'art de l'écriture. Il devint maître dans cet art. Il enseigna pendant plusieurs années au Musée de Paris et dans une école de calligraphie qu'il avait fondée, rue Coquillière.

Nous savons de lui-même, par une brochure qu'il publia, en 1784, sur les moyens à employer pour l'instruction des aveugles, comment le hasard le conduisit à se livrer à ce genre d'instruction, jusqu'alors ignorée en France. Mademoiselle Paradis, aveugle, célèbre pianiste de Vienne, était venue à Paris en 1783. Elle y donna plusieurs concerts où elle reçut des applaudissements universels. Elle lisait rapidement avec des épingles placées en forme de lettres sur de grandes pelotes; et expliquait très-bien la géographie avec des cartes en relief qu'avait imaginées un autre aveugle célèbre, Weissembourg de Manheim. Valentin Haüy passant un jour sur le boulevard du Temple, y vit des aveugles qui jouaient de plusieurs instruments et ayant des lunettes sur le nez comme pour lire la musique qui était devant eux; il leur demanda si, au lieu de jouer une si misérable parade, ils n'aimeraient pas mieux lire réellement la musique. Il ne reçut d'eux aucune réponse satisfaisante ; mais il ne perdit pas pour cela l'espoir de mettre un jour en pratique le procédé dont il avait vu mademoiselle Paradis et l'aveugle Chauvet tirer un si heureux parti. Bien pénétré de l'idée qu'il réussirait, il cherchait un aveugle intelligent, lorsqu'il rencontra à la porte de l'église de Saint-Germain-des-Prés le jeune Lesereau, de Lyon, aveugle-né qui mendiait pour soutenir sa mère. Il interrogea cet enfant, crut reconnaître en lui des dispositions, l'emmena chez lui, l'instruisit pendant quelques jours, et le présenta à la société philanthropique, qui, partageant les espérances d'Haüy, lui accorda des fonds pour admettre douze aveugles dans une maison qui lui fut donnée, rue Notre-Dame-des-Victoires, n° 18. Ces élèves furent assez instruits pour paraître, le 26 décembre de l'année suivante, à Versailles, devant le roi et les principaux seigneurs de la cour. Ils y firent un exercice de leurs travaux, et devinrent l'objet de l'attention générale et du plus vif intérêt. Ce fut à cette époque que leur instituteur fut nommé inspecteur de l'Amirauté.

Nous ne parlerons point des vicissitudes

qu'éprouva l'Institution des aveugles, soit par les vices de son administration, soit par suite des événements politiques : toujours est-il qu'elle se maintint tant bien que mal jusqu'en 1815, où M. Guillée en fut nommé directeur. Rendue à sa première destination, elle offrit alors des résultats heureux qu'on put remarquer dans plusieurs séances publiques. Valentin Haüy reçut à cette époque une pension de deux mille francs sur les fonds accordés à l'établissement. Il créa aussitôt dans la rue Sainte-Avoye un pensionnat spécial ou musée des aveugles, qui ne réussit pas. L'année suivante, accablé d'inquiétudes, de contrariétés et de chagrins domestiques, il partit avec sa femme et son fils pour Saint-Pétersbourg, où on lui offrit d'aller concourir à la formation d'un établissement d'aveugles auquel l'impératrice-mère prenait intérêt : Fournier, son élève, était chargé de l'enseignement sous sa direction. Mais l'institution ne prospérant point, Haüy revint en France, toujours malheureux dans son ménage, et se retira chez son frère l'abbé jusqu'à sa mort, arrivée en 1823, peu de jours avant celle du célèbre minéralogiste.

Haüy mérite certainement les éloges de la postérité pour avoir créé une institution pré-

cieuse et pour y avoir consacré avec un désintéressement parfait ses soins et ses veilles. Mais
une imagination exaltée, un enthousiasme qui
l'empêchait souvent de donner à ses idées la
maturité nécessaire, son second mariage qui fit
le malheur de sa vie, les événements politiques
auxquels il prit quelquefois trop de part, ne lui
permirent pas de perfectionner le bel ouvrage
de sa création. Haüy avait présenté au roi, en
1786, et publié un essai sur l'éducation des
aveugles. Cet ouvrage, fort curieux, était imprimé en relief de manière que les aveugles
pouvaient le lire en parcourant les lignes du
bout des doigts. Mais cet avantage n'existe
que pour les exemplaires brochés, le relief
ayant disparu dans ceux qui sont reliés.

Il y a aujourd'hui à Paris deux établissements
pour les aveugles, l'un, qu'on appelle les
Quinze-Vingts, spécialement affecté aux vieil-
lards pauvres et aveugles ; l'autre est l'Institution des jeunes aveugles de naissance, nom-
més aussi les Aveugles travailleurs. On reçoit
dans cet établissement les aveugles des deux
sexes au nombre de soixante garçons et de
trente filles, qui sont entretenus gratuitement
pendant huit années aux frais de l'État. Cet
établissement, qui était dans la rue Saint-Vic-

tor, vient d'être transféré depuis trois mois dans un nouveau local construit exprès sur le boulevard des Invalides, près de la rue de Sèvres. Ce bel édifice, grand et vaste, est composé de deux ailes et d'un corps-de-logis donnant sur le boulevard. On y arrive par une grande cour fermée par de vastes portes et

une grille en fer à claire voie aux deux bouts de laquelle est un pavillon dont un sert d'entrée ordinaire et de logement au concierge. Sur la façade du bâtiment on remarque le fronton dont la sculpture représente en relief M. Haüy, fondateur de l'Institution royale des aveugles, entouré de ses élèves occupés des travaux qu'on leur a enseignés, ou jouant des instruments de musique pour lesquels ils montrent tant d'aptitude. Au-dessous du fronton est le cadran de l'horloge. Ce beau relief est l'ouvrage de M. Jouffroy, ancien pensionnaire de Rome.

Par une ordonnance du 21 février 1841, une organisation nouvelle a été donnée à l'Institution royale des jeunes aveugles, ainsi qu'aux autres établissements de bienfaisance dépendants du ministère de l'intérieur. Ces établissements sont administrés, sous l'autorité du ministre et sous la surveillance d'un conseil supérieur, par des directeurs responsables, assistés d'une commission consultative composée de quatre membres.

L'instruction donnée aux jeunes aveugles est intellectuelle, musicale et industrielle. L'instruction intellectuelle est primaire et supérieure : la première comprend la lecture, l'écriture en points saillants et l'arithmétique, la grammaire française et l'orthographe, les notions élémentaires d'histoire, de géographie et des sciences naturelles.

La seconde comprend l'étude des langues, la littérature, les mathématiques, la géographie et l'histoire générale.

4

L'instruction musicale comprend l'étude du solfége et de l'harmonie, la pratique d'un ou de plusieurs instruments et notamment une école de composition et d'orgue. Sous ce dernier rapport, il n'est pas inutile de dire que les organistes des églises de Saint-Étienne-du-Mont, de Saint-Germain-des-Prés, de Saint-Denis au Marais, de Saint-Philippe-du-Roule, de Saint-Médard à Paris, sont des aveugles, anciens élèves de l'institution. Les organistes des cathédrales de Tours, d'Orléans, de Vannes, de Limoges, de Luçon, de Blois, d'Évreux ; des églises paroissiales d'Orléans, d'Évreux, de Rennes, de Sedan, de La Flèche, de Clermont et de Gisors sont aussi d'anciens élèves de l'institution.

L'instruction industrielle comprend le tissage, la vannerie, la brosserie, la fabrication des nattes de jonc, tapis et chaussons de tresse et de lisière ; les arts du tourneur et de l'ébéniste, récemment introduits par un aveugle hongrois, ancien élève de l'institution de Vienne, M. Bertelaudy ; le rempaillage des chaises, et spécialement, pour les filles, la filature, le fil et les tricots divers et ouvrages en paille.

Des bains fréquents, des exercices gymnastiques, un régime alimentaire approprié à la constitution prédominante chez les enfants atteints de cécité, sont combinés de manière à fortifier le tempérament et à en favoriser le développement. Ces heureux résultats doivent être attribués aux soins attentifs et éclairés de M. le docteur Alibert, médecin de l'Institution, et de son digne directeur, M. Dufau.

L'éducation religieuse est confiée à un aumônier attaché à l'établissement.

Le jour de Pâques de chaque année on voit, à l'église de Saint-Sulpice, les aveugles assister à la grand'messe avec des livres dont les caractères sont en relief ou en points saillants, et en suivre les différentes prières.

Tous les exercices religieux se font dans l'établissement comme dans les autres établissements d'instruction publique.

Les deux infirmeries sont préposées à la garde des sœurs ; une dame est spécialement chargée, auprès des jeunes filles, en qualité d'institutrice, de tous les soins que la sollicitude maternelle peut seule bien comprendre et donner.

On doit à la généreuse humanité de la respectable madame Vignette la fondation de huit bourses, spécialement affectées aux enfants pauvres des départements de l'Aisne et de la Marne, et, à défaut de sujets appartenant à ces deux départements, en faveur de ceux de la Seine. Cette charitable fondatrice a voulu que les élèves qui lui devraient le bienfait de l'éducation, en sortant de l'établissement, reçussent aussi un trousseau : avantage que n'ont pas les autres élèves.

Dans la nouvelle résidence, où tous les besoins ont été calculés avec habileté, se consommera sans doute une régénération entreprise au travers de tous les obstacles qu'opposait le séjour ancien. Les hommes éclairés, placés comme un utile intermédiaire entre le directeur, responsable envers le ministre, et le ministre, responsable envers l'État, les amis de l'humanité, qui composent soit la commission consultative près l'Institution, soit le conseil supérieur de surveillance, pourront, à bon droit, réclamer une forte part dans cette régénération, à laquelle le directeur de l'établissement doit le plus contribuer.

La nécessité de combattre les obstacles divers que les aveugles rencontrent dans le monde pour y trouver leur place, surtout comme ouvriers, a donné naissance à une *Société de patronage et de secours pour les aveugles en France*. Elle a été fondée en 1844.

Il nous reste à parler des améliorations introduites dans l'enseignement des jeunes aveugles, que nous n'avons fait qu'indiquer plus haut, et des personnes qui les ont introduites.

D'anciens élèves de l'Institution qui, placés dans la condition de ceux qu'ils instruisent, en sont plus aptes à les guider, ont su aplanir pour eux les aspérités d'une route qu'ils ont parcourue eux-mêmes avec succès. M. Braille, à qui l'on doit l'ingénieuse écriture en points, aujourd'hui universellement en usage parmi les aveugles de France, et M. Dufour, ont été chargés de cet enseignement d'un si grand intérêt ; ils ont été secondés par deux élèves émérites, MM. Legoarand et Trichant. MM. Cottac, Grosjean, Moulin et Gauthier complètent, pour les garçons, le personnel des professeurs anciens élèves, et s'acquittent avec autant de zèle que de dévouement des divers devoirs dont ils sont chargés. On doit rendre le même témoignage aux demoiselles Brunet, Delausse, Paté et Coudray également anciennes élèves, qui donnent leurs soins aux jeunes filles.

Divers essais exécutés par M. Marcellin Legrand, un de nos plus habiles fondeurs, l'ont conduit à une combinaison de caractères dont la lecture est facile, et au moyen desquels on peut mettre entre les mains des élèves des volumes plus commodes et moins coûteux que ceux dont on s'est servi jusqu'à ce jour, et rendre ainsi le bienfait de l'instruction accessible à un plus grand nombre d'aveugles.

A l'égard des études musicales, qui ont toujours prospéré dans l'établissement, M. Panseron, animé du désir de témoigner aux élèves l'intérêt qu'ils ont su lui inspirer, s'est plu à faire pratiquer lui-même à un assez grand nombre d'entre eux sa méthode de vocalisation, si avantageusement connue. Il s'est même associé à plusieurs autres maîtres habiles, qui se sont montrés en divers temps très-empressés de donner aux jeunes artistes aveugles les conseils de leur expérience. C'est particulièrement à MM. Dacosta, Dauprat, Bénazet, Habeneck, Berbiguier, Croisillat, Urbain, Ryckmans, Becquet frères et Veny que plusieurs élèves ont dû les talents que le public a plus d'une fois couronnés de ses suffrages.

La classe d'orgues créée par les soins continus de feu madame Vanderburch, qui enseignait le piano et l'harmonie, et des organistes Laceux et Marrigues, a pris un haut degré d'importance depuis qu'elle est confiée à M. Gauthier déjà cité, organiste de Saint-Etienne-du-

Mont et auteur du *Répertoire du maître de chapelle*.

Aux études d'harmonie et de piano, qui préparent de loin des organistes, se joignent des études d'instrumentations diverses, qui permettent de former un orchestre dont les exercices contribuent puissamment à faire de bons musiciens.

Depuis qu'un ancien élève de l'Institution, M. Montal, s'est approprié, par des efforts persévérants, l'industrie connue sous le nom d'accord des pianos, plusieurs jeunes aveugles se sont attachés à le suivre dans cette carrière, où l'on n'acquiert de l'habileté que par une pratique longue et continue. C'est, pour ainsi dire, dans les ateliers de M. Erard qu'ils ont été formés.

Dans la carrière industrielle, des pas nouveaux ont été faits. L'art du tourneur, qu'on avait pu croire d'abord interdit aux aveugles, a été introduit par M. Sellier, qui dirige depuis long-temps l'atelier de tour à l'Institut royal des sourds-muets.

L'ébénisterie, déjà cultivée dans quelques instituts d'Allemagne, par une circonstance due au hasard a été introduite dans celui de Paris; nous avons nommé plus haut le Hongrois auquel nos jeunes aveugles doivent ce bienfait.

Une industrie plus modeste, mais non moins digne d'intérêt, celle de la brosserie, a été également introduite depuis peu. Les élèves y ont été promptement rendus aptes ; et ce genre de travail paraît devoir ouvrir une ressource assurée aux aveugles qui s'y consacreront.

Quant à l'éducation physique, on doit à M. Dufau, le directeur actuel de l'Institution, la première idée d'une amélioration qui, lorsqu'il la proposa, parut sans doute bien hardie, nous voulons parler de la gymnastique, pleinement établie aujourd'hui dans quelques instituts étrangers. Elle est introduite depuis peu dans celui de Paris. Les essais, dirigés avec les soins les plus prudents par M. Laîné, chargé de cet enseignement dans nos grands établissements universitaires, ont justifié l'attente du directeur ; ils ont fait comprendre tout ce qu'on peut espérer de ces exercices pour hâter chez les jeunes aveugles le développement des forces musculaires, pour combattre certaines prédispositions funestes auxquelles leur adolescence n'est que trop fréquemment exposée.

Le triple enseignement donné dans l'Institut royal des jeunes aveugles décompose en quelque façon cet institut en trois établissements distincts. On y forme d'abord le cœur et la raison par l'éducation commune, dont la religion fait la première base. En second lieu, les aveugles sont en général disposés, par l'exquise délicatesse de l'ouïe qui les distingue, à la musique, qui doit leur offrir, non pas un simple délassement, mais des moyens d'existence. Enfin, chez plusieurs, l'aptitude manuelle se manifeste seule et il faut leur donner des métiers. Ainsi, école intellectuelle, école musicale, école industrielle, telle est la classification naturelle, nécessaire et bien tranchée que présente l'institution. Il ne faut pas la perdre de vue, si l'on veut avoir une idée bien complète des difficultés qu'a à surmonter celui qui a conçu le ferme dessein de la rendre, le plus qu'il est possible, digne de son utile et glorieuse destination.

Nous ajouterons, en finissant cette description, que nous en devons la connaissance et les détails à l'obligeance de M. le directeur, qui a bien voulu nous communiquer tous les renseignements que nous pouvions désirer.

L'inauguration de ce bel établissement s'est faite, le jeudi 22 février de l'année 1844, par une séance publique dans laquelle M. le directeur a lu une notice historique sur Valentin Haüy, et M. Guadet, instituteur, l'exposé du système d'écriture en points saillants à l'usage des aveugles. Des élèves de l'Institution y ont fait l'application de ce système.

Le concert instrumental et vocal, annoncé par le programme, a commencé ensuite par un chant à Valentin Haüy, paroles de M. Dufau, musique de M. Gauthier, professeur, ancien élève de l'Institution. Il a été exécuté par un orchestre d'aveugles, au nombre de plus de quarante. Cette musique, fort expressive, a été couverte des applaudissements des spectateurs. Nous croyons devoir donner ici ces paroles, peignant si bien la reconnaissance des jeunes aveugles pour leur fondateur.

A VALENTIN HAUY.

CHŒUR.

Célébrons par nos chants, en ce jour solennel,
Les louanges de l'Eternel !
Heureux celui qui croit en sa parole !
Il est juste, il est bon ; s'il punit, il console !
De l'infortune il est l'appui,
De la raison il est la source et la lumière ;
Et dans notre humaine carrière
Tout le mal vient de nous, tout le bien vient de lui.

UN JEUNE HOMME.

Oh ! c'est ici surtout qu'éclate sa puissance !
De la nature, enfant déshérité,

Mes yeux clos sans retour, au jour de ma naissance,
N'ont jamais vu des cieux la divine clarté ;
Mais ma main des objets effleurant la surface,
Attentive aux contours des traits qu'elle perçoit,
Par un don de sa grâce,
En son toucher subtil les saisit et les voit.

UNE JEUNE FILLE.

Je n'ai jamais, tristesse amère !
Vu le sourire de ma mère.
Ses traits secrètement émus   ,
En son œil où la larme brille,
En regardant sa pauvre fille,
Ne me seront jamais connus !
Mais les sons de sa voix chérie,
A mon cœur révèlent si bien
Les secrets mouvements du sien !..
Oui, quand je l'écoute, attendrie,
Je puis songer sans désespoir
Que je ne dois jamais la voir.

PLUSIEURS VOIX.

Parmi les ténèbres du monde
Où se portaient nos pas en vain,
Il apparut, celui qui nous tendit la main !
A son appel, jaillit cette flamme féconde,
Que Dieu coucha dans notre sein,
Et le flambeau de la science
Vint luire tout à coup à notre intelligence.
A toi qui fus l'auteur de ce bienfait immense,
A ton nom vénéré, salut !
De nos cœurs animés par la reconnaissance
Haüy, reçois le tribut !

UN JEUNE HOMME.

Ces sons harmonieux qui frappent vos oreilles,
De les former c'est lui qui sut m'enseigner l'art !

UNE JEUNE FILLE.

Si du travail je puis vous offrir les merveilles,
Dans la nuit où ma main s'égarait au hasard,
N'est-ce pas grâce à son génie ?

PLUSIEURS VOIX.

De nous que sa mémoire à jamais soit bénie !

UNE VOIX.

Enfants, venez à nous dans ces splendides lieux
Dont vous êtes dotés aujourd'hui par la France
Et par son prince généreux !
Pour adoucir votre souffrance
Du maître ici sont les secrets.
Parmi nous vont s'enfuir de vos jeunes années
Les longs ennuis, les stériles regrets,
Et d'utiles labeurs changeant vos destinées
Heureux et fiers du prix de vos efforts,
Vous direz avec nous, en de pieux transports :

CHOEUR.

Du Seigneur célébrons la gloire,
Que jusqu'à lui remontent nos accents !
De ses bienfaits qu'à jamais la mémoire
Vive en nos cœurs reconnaissants !

Toute l'assistance a applaudi, comme nous, à l'exécution des morceaux qui ont suivi ce chant. Chacun était touché du plus tendre intérêt pour ces infortunés des deux sexes envers lesquels la nature fut si ingrate, et plein d'admiration des prodiges que l'art secondé par le génie et par l'amour de l'humanité est parvenu à leur faire exécuter, en réparation des torts de la nature.

L'hôpital des Quinze-Vingts se compose : 1° de trois cents aveugles de première classe, nourris, chauffés, habillés, et qui reçoivent en outre trente-trois centimes par jour ; 2e de cent vingt aveugles de seconde classe qui ne reçoivent point cette somme journalière , mais qui sont entretenus et instruits , et qui ont l'espoir de parvenir à la première classe ; 3° enfin des aveugles de tous les départements, qui peuvent prétendre à l'admission en faisant preuve de pauvreté et de cécité absolue.

« La France doit être fière, dit un écrivain,
» d'avoir si souvent dépassé les autres nations
» dans la carrière de la bienfaisance, comme
» dans celle des sciences et des lettres. A son
» exemple, tous les autres pays de l'Europe
» se sont empressés d'ouvrir des asiles à la
» vieillesse et à la jeunesse des infortunés que

» la privation de la vue doit mettre plus qu'au-
» cun autre à la merci de toutes les misères,
» et qui sont malheureusement si nombreux
» dans certaines contrées. »

Dans tous les états de l'Autriche, par exemple, on compte environ trente-six mille individus qui sont nés aveugles ou qui le sont devenus dans leur enfance. Ce n'est que depuis
1805 que ces infortunés trouvent à Vienne une
institution dont le but est d'adoucir leur triste
sort par l'instruction, et de les rendre utiles à
eux-mêmes et à la société. Des institutions du
même genre ont été fondées, en 1806, à Saint-
Pétersbourg et à Berlin; en 1807, à Prague;
en 1808, à Amsterdam; en 1809, à Dresde;
en 1810, à Zurich; en 1811, à Copenhague.
Ainsi la France a contribué par son exemple
à faire rendre à la société des individus qui sem-
blaient en être séparés en naissant.

Nous avons jugé utile et naturel de réunir
dans ce petit volume les notices précédentes
sur les bienfaiteurs de l'humanité, qui, pour
ainsi dire semblables à Dieu, ont rendu la parole aux muets et la vue aux aveugles. La jeunesse, à qui ce recueil est destiné, bénira sans
doute, les larmes aux yeux, la mémoire de ces
hommes charitables et dévoués qui consacrè-

rent leur existence et leur fortune au soulagement des infirmités que le ciel envoie à quelques-uns de ses enfants ; car c'est à l'entrée de la vie surtout que la parole et la vue sont le plus nécessaires, puisque, privé de ces organes essentiels, l'homme ne fait que végéter et souffrir jusqu'à sa mort. Ceux donc qui jouissent de toutes leurs facultés feront entendre chaque jour l'expression d'une vive reconnaissance envers Dieu qui a délié leur langue et ouvert leurs yeux en les appelant à la vie ; et lorsqu'ils passeront devant les deux Institutions où les sourds-muets parlent par leurs signes et entendent par leurs yeux et où les aveugles voient par le bout de leurs doigts, recevant tous les bienfaits d'une éducation soignée, ils plaindront du fond de leur cœur ceux de leurs frères souffrants qui sont privés de cette éducation, et remercieront la Providence qui a bien voulu leur épargner à eux-mêmes de semblables infirmités.

En terminant ces notices, il faut remarquer à la gloire du sacerdoce français que ce sont deux prêtres qui sont venus les premiers au secours des deux infirmités dont l'humanité est le plus affligée. Il n'y a guère en effet que dans une religion dont l'essence est la charité, que l'on peut trouver la force de consacrer toutes ses facultés, toute sa fortune, toute son existence, à des malheureux que la société repousse ou qu'elle néglige. Il est surtout dans l'esprit du christianisme et de ses ministres de créer des œuvres si recommandables et de leur donner une éternelle durée.

www.ingramcontent.com/pod-product-compliance
Lightning Source LLC
Chambersburg PA
CBHW051136050726
47594CB00003B/1115